kip

kana

haan

kukko

kuiken

tipu

eendje

ankanpoika

AF407901

kalkoen

kalkkuna

ezel

aasi

zwaan

joutsen

kikker

sammakko

wasbeer

pesukarhu

beer

karhu

eekhoorn

orava

vlieg

kärpänen

lieveheersbeestje

leppäkerttu

worm

mato

slak

etana

naaktslak

etana

bij

mehiläinen

spin

hämähäkki

kever

kovakuoriainen

libel

sudenkorento

leeuw

leijona

zebra

seepra

giraffe

kirahvi

neushoorn

sarvikuono

slang

käärme

mug

hyttynen

zeeschildpad

merikilpikonna

nijlpaard

virtahepo

alligator

alligaattori

krokodil

krokotiili

haai

hai

walrus

mursu

pinguïn

pingviini

ijsbeer

jääkarhu

zeehond

hylje

zeester

meritähti

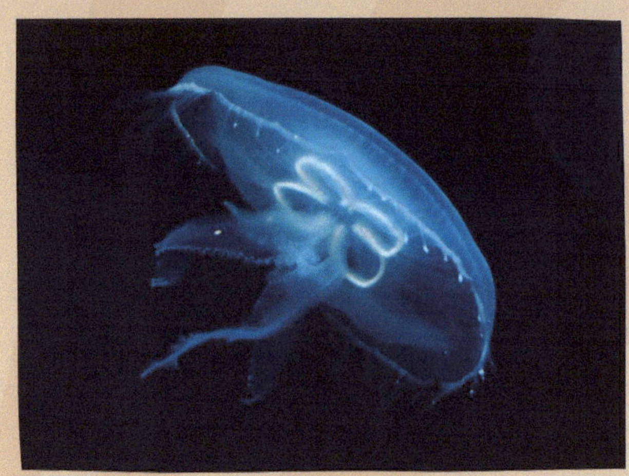

kwal

meduusa

schelpen

simpukat

veer

sulka

11

elf

yksitoista

12

twaalf

kaksitoista

13

dertien

kolmetoista

14

veertien

neljätoista

15

vijftien

viisitoista

16

zestien

kuusitoista

17

zeventien

seitsemäntoista

18

achttien

kahdeksantoista

negentien

yhdeksäntoista

twintig

kaksikymmentä

hart

sydän

pijl

nuoli

ovaal

ovaali

halve maan

puolikuu

boog

käyrä

spiraal

spiraali

kruis

rasti

zigzag

siksakki

regenboog

sateenkaari

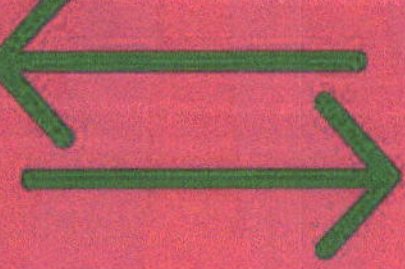

donkere kleuren

tummat värit

lichte kleuren

vaaleat värit

stippen
pisteitä

lijn
viiva

kort
lyhyt

lang
pitkä

een beetje

vähän

heel veel

paljon

 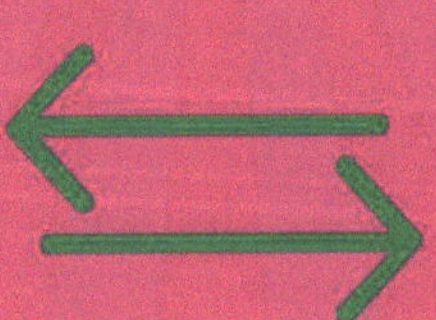  

vol

täysi

leeg

tyhjä

gekruld haar

kiharat hiukset

stijl haar

suorat hiukset

accepteren

hyväksyä

weigeren

kieltäytyä

identiek

samanlainen

verschillend

erilainen

droog

kuiva

nat

märkä

speelgoed

lelut

blokken

palikat

bal

pallo

robots

robotit

tong
kieli

neus
nenä

haar
hiukset

snor
viikset

vingers

sormet

arm

käsivarsi

knie

polvi

elleboog

kyynärpää

glimlachen

hymyillä

kus

suukko

huilen

itkeä

pijn

kipu

lichaam

keho

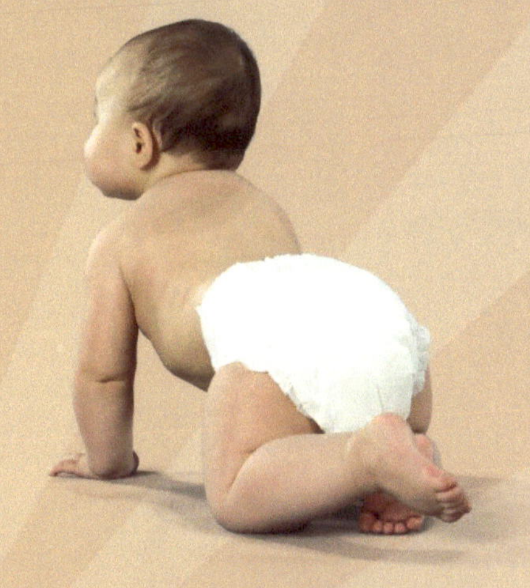

rug

selkä

speen

tutti

kinderstoeltje

syöttötuoli

zeep

saippua

tandenborstel

hammasharja

handdoek

pyyhe

potje

potta

ring

rengas

armband

rannekoru

halsketting

kaulakoru

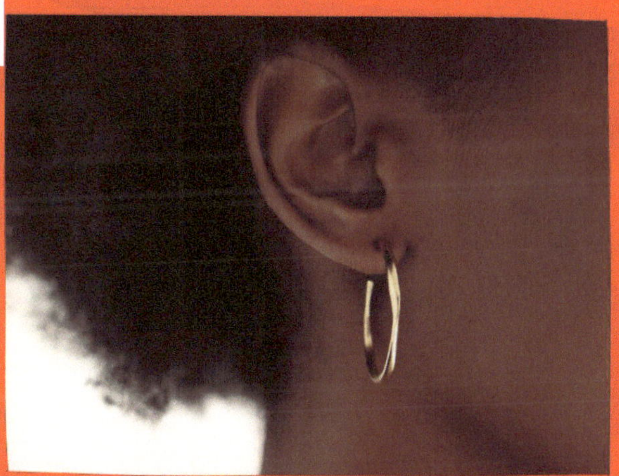

oorbel

korvakoru

chocolade

suklaa

jam

hillo

popcorn

popcorn

geroosterd brood

paahtoleipä

honing

hunaja

boter

voi

brood

leipä

ijsje

jäätelö

griesmeel

mannasuurimot

rijst

riisi

pasta

pasta

soep

keitto

melk

maito

water

vesi

sap

mehu

kiwi

kiivi

framboos

vadelma

grapefruit

greippi

meloen

meloni

pruim

luumu

abrikoos

aprikoosi

granaatappel

granaattiomena

vijg

viikuna

bosbes

mustikka

veenbes

karpalo

kaki

persimoni

lychee

litsi

fruit

hedelmiä

groenten

vihannekset

avocado

avokado

sperzieboon

vihreä papu

broccoli

parsakaali

aubergine

munakoiso

erwten

herneet

paprika

paprika

biet

punajuuri

sla

lehtisalaatti

andijvie

endiivi

artisjok

artisokka

prei

purjo

ui

sipuli

knoflook

valkosipuli

gember

inkivääri

walnoten

saksanpähkinät

amandel

manteli

pistache

pistaasi

cashewnoot

cashewpähkinä

www.ingramcontent.com/pod-product-compliance
Lightning Source LLC
Chambersburg PA
CBHW042104110726
48006CB00002B/516